나는 나를 사랑해요

**도서출판
명주**

명주어린이는 지식과 감성을 씨줄과 날줄로
촘촘히 엮어, 21세기를 살아가는 우리 어린이들에게
지혜의 나침반 역할을 할 것입니다.

명주어린이 시리즈 03

정리 정돈은 나의 힘

나는 나를 사랑해요

방정환 글 | 정효정 그림 | 조선미 감수

명주

추천사

정리 정돈은 책임감과 집중력을 높이고 생각을 체계화합니다!

정리 정돈이란 단순하게 보면 어질러진 물건을 제자리에 두고, 다시 쓰기 좋게 배열하는 것 정도로 생각할 수 있겠지요. 하지만 정리 정돈에 필요한 여러 가지 활동을 생각해 보면 그 이상의 큰 의미가 있습니다.

정리 정돈에는 우리 삶의 모든 영역이 포함되어 있습니다. 이 책은 정리 정돈 속에 선택과 판단, 책임감과 집중력, 문제 해결과 자율성의 요소를 볼 수 있다고 하는데, 이는 놀라운 통찰입니다.

어린 아이들은 놀던 장난감을 치우고, 보던 책을 제자리에 꽂는 데서부터 정리 정돈을 배웁니다. 이 단순한 행동에서 아이들은 자기 행동에 대해 어느 정도는 스스로 책임져야 한다는 것을 배울 수 있습니다.

조금 더 성장해서는 무엇을 갖고 무엇을 갖지 않을지, 어떤 것을 중요한 자리에 배치하고, 어떤 것은 구석에 놓아둘지 우선 순위를 정하는 것을 배울 수 있습니다. 공간에 대한 정리 정돈은 더

나아가 시간 관리와 생각의 체계화로 확장되어 결국 전체 삶의 관리로 이어집니다.

  이 책은 정리 정돈의 의미에 대해 다시 생각하고자 하는 부모님과 아이들에게 큰 도움이 될 것입니다.

조선미

머리말

스스로를 사랑하고 존중하게 하는 정리 정돈!

'세 살 적 버릇이 여든까지 간다.' 여러분도 이런 속담을 들어 보았지요? 이것은 어릴 때 몸에 밴 버릇은 늙어서도 고치기 힘들다는 뜻입니다. 그러나 일찍부터 좋은 습관을 익힌다면, 이런 습관은 두고두고 여러분의 삶에 커다란 도움이 된답니다. 이를테면 일찍 자고 일찍 일어난다든가, 음식을 가리지 않고 골고루 잘 먹는 것은 건강을 위해서도 무척 좋은 습관이지요.

잘 정리하고 정돈하는 것도 이에 못지않게 중요한 습관이랍니다. 평소에 자신의 물건들을 잘 갈무리해 둔다면 필요할 때마다 곧바로 편리하게 사용할 수 있겠지요. 그런데 이런 것들을 제자리에 가지런히 두는 것은 물건을 아끼는 방법이기도 하지만, 자신을 사랑하고 존중하는 방법이기도 하답니다. 왜냐하면 그런 과정에서 생활을 질서 있게 하는 습관을 익힐뿐더러, 마음도 한결 차분하게 바로잡을 수 있기 때문입니다.

또한 정리 정돈을 잘하는 것은 다른 사람을 배려하는 태도이기

도 합니다. 공공 도서관에서 음료수 병이나 과자 봉지 따위를 책상 위에 어질러 놓고 치우지 않고 간다고 생각해 보세요. 그러면 조용히 책을 보러 온 사람들이 눈살을 찌푸리겠지요. 그러나 자신의 것이나 주변의 물건들을 잘 정리하고 정돈하면 집에서는 엄마가 덜 힘들어 하고, 학교에서는 친구들이 즐거운 마음으로 공부하고, 공공장소를 이용하는 사람들은 기분이 좋아지겠죠.

이렇듯 좋은 습관이란 거창한 결심이나 행동에 있는 것이 아니라, 일상생활의 성실한 태도에서 비롯된답니다. 그런 가운데 자립심이 생기고 자신감도 커지면서, 어느덧 자신이 꿈꾸던 목표에 다가서게 되는 것이지요. 처음엔 작고 하찮게 여기던 것도 꾸준히 지켜 나가다 보면 나중에는 여러분의 삶에서 커다란 힘이 된답니다.

소낙비가 내린 뒤, 맑은 하늘을 보며
방정환

차례

추천사 – 조선미 4
머리말 6

1 정리 정돈이 뭐예요?
정리와 정돈이란 무엇일까요? 12
내 방의 주인은 나랍니다 18
엄마 아빠, 보세요!
부모가 모범을 보여야 해요 24

2 정리 정돈은 왜 중요할까요?
정리 정돈을 잘하면 무엇이 좋을까요? 28
가족, 친구들과의 관계가 좋아지고 건강해져요 34

3 작은 정성이 커다란 변화를 가져오지요
청소는 사람을 귀하게 여기는 행동이지요 44
청소는 행복을 부르는 힘이에요 47

4 정리 정돈을 어떻게 잘할 수 있을까요?

어떤 방식으로 할까요 60

효율적인 정리 정돈을 위한 그 밖의 방법들 65

엄마 아빠, 보세요!

칭찬을 많이 해 주고 기다려야 해요! 74

5 정리 정돈은 공부에도 도움이 돼요

새로운 공부 에너지가 생겨요 80

공책 정리와 수첩 활용법 84

학교는 여러분을 도와주는 곳입니다 91

엄마 아빠, 보세요!

눈높이 교육이 중요해요 96

즐겁게 정리 정돈을 하는 법 98

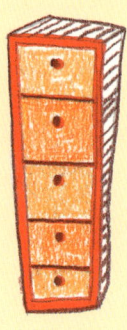

정리 정돈이 뭐예요?

너는 방 정리 잘하니?

그런 생각 별로 안 해 봤는데….

그래? 그럼, 나도 오늘부터 시작해 볼까?

나는 이제부터 잘해 보려고.

여러분은 자신의 방을 잘 치우고 정리하나요? 혹시 부모님이나 할머니가 치워 주시는 건 아닌가요? 책이나 연필 같은 학용품이나 옷들은 잘 정리하나요? 공부한다고, 학원에 간다고, 시간이 없다고 책상 위나 방 안에 아무렇게나 던져 놓지는 않나요? 거실에서도 과자 따위를 먹다가 흘린 부스러기들을 밟고 다니지는 않나요? 이렇게 난장판이 되면 어떻게 해야 할까요?

정리와 정돈이란 무엇일까요?

정리는 어지럽게 흐트러진 것을 한데 모으거나, 깔끔하게 치우는 것입니다. 그리고 정돈은 이렇게 정리된 것들을 사용 목적에 따라 알맞은 장소에 가지런히 보관하여 질서 있게 만드는 것이지요. 간단히 말하면, 정리는 물건을 줄이는 것, 정돈은 물건을 사용하기 편하고 보기에도 좋게 하는 일이 되겠네요. 하지만 정리와 정돈이 서로 완전히 구분되는 뜻은 아닙니다. 가득 어질러진 것을 치우고 가지런히 보관하는 일은 서로 연결되는 일이니까요.

청소란 무엇일까요? 빗자루로 바닥을 쓸거나 먼지를 닦는 것이라고 여

• 정리, 정돈, 청소의 뜻은 무엇일까요?

책, 문구, 장난감을 종류별로 분류해서 정리해 보자.
책은 책꽂이에, 문구들은 서랍에, 장난감은 박스에 정돈해 보자.
마무리는 걸레로 깨끗이 청소!

러분은 대답하겠지요? 맞아요. 청소는 더럽거나 어지러운 것을 쓸고 닦아서 깨끗이 하는 일을 말한답니다. 흐트러진 물건들을 치우고 나서도 더러운 얼룩이나 먼지를 닦지 않으면 완전히 깨끗해지지 않겠지요. 그렇다면 넓은 의미에서 청소 또한 정리 정돈에 속하는 일이겠네요. 청소나 정리 정돈을 하려면 우선 창문부터 열고 시작해요. 먼지들이 많이 나기 때문에 환기가 되어야 하니까요.

정리 정돈은 습관이 중요하지요

"민희야, 어서 학교에 가야지." "어, 왜 안 깨웠어요? 늦었잖아요!" '민

희는 엄마 목소리에 눈을 번쩍 뜹니다. 세수도 하는 둥 마는 둥, 밥도 먹는 둥 마는 둥 하고 책가방을 들고 문 밖으로 뛰어나갑니다. 그러다가 이내 달려들어 와 소리칩니다. "엄마, 체육복! 오늘 체육 활동 있단 말예요!"

혹시 여러분의 아침도 이와 비슷하지는 않나요? 책가방도 미리미리 싸 놓지 않고, 잠옷은 방바닥에 팽개친 채로 허둥지둥 학교로 달려가지 않나요? 어쩌다 그런다면 몰라도, 자주 이런 일이 벌어진다면 이건 조금 곤란하겠죠! 어릴 때부터 몸에 익힌 습관이 평생을 간다잖아요. 정리 정돈을 잘하는 습관은 어려서부터 익혀야 합니다. 그래야 주변을 청결하게 하고, 몸과 마음이 건강하게 자랄 수 있답니다.

작은 일부터 꾸준히 하기

작심삼일(作心三日)이라는 말이 있습니다. 모처럼 다진 마음이 사흘을 못 간다는 뜻이지요. 마음은 굳게 먹었지만 실천을 제대로 하지 못할 때 이런 표현을 한답니다. 그런데 사흘은커녕 하루 만에 결심이 무너진다면 어떻겠어요? 정말 오랜만에 책상이나 방을 깨끗이 치워 놓았지만, 바로 다음 날 물건들을 다시 헝클어 놓고 치우지 않는다면 어떻게 되겠어요? 하나 마나 한 일이 되겠지요. 정리 정돈은 어쩌다 큰맘 먹고 하는 일이 아니랍니다. 작은 일이라도 날마다 하겠다는 마음가짐과 꾸준한 실천이 중요하지요.

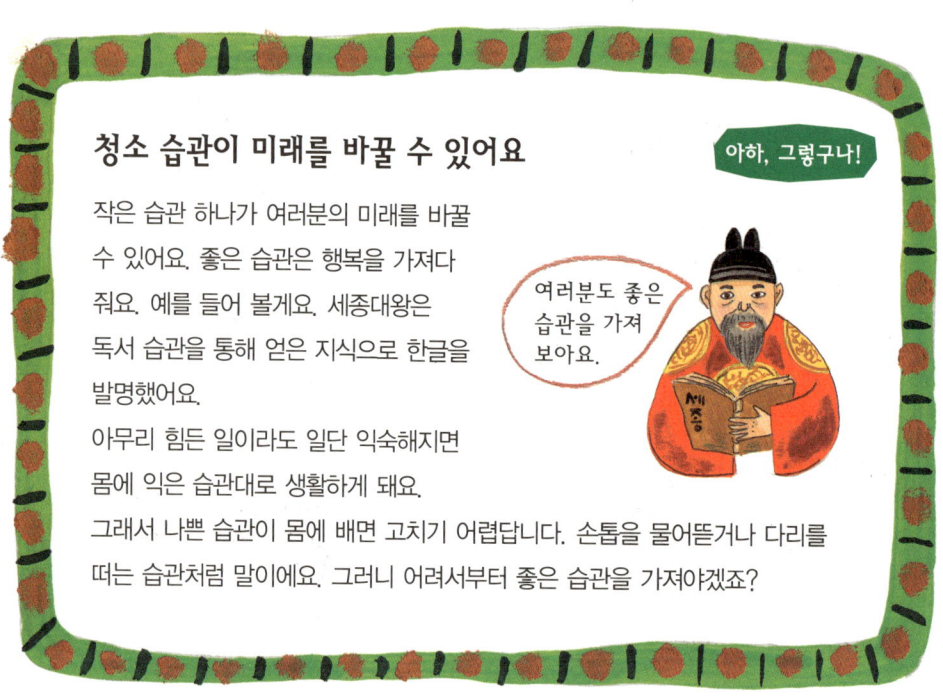

청소 습관이 미래를 바꿀 수 있어요

아하, 그렇구나!

작은 습관 하나가 여러분의 미래를 바꿀 수 있어요. 좋은 습관은 행복을 가져다 줘요. 예를 들어 볼게요. 세종대왕은 독서 습관을 통해 얻은 지식으로 한글을 발명했어요.
아무리 힘든 일이라도 일단 익숙해지면 몸에 익은 습관대로 생활하게 돼요.
그래서 나쁜 습관이 몸에 배면 고치기 어렵답니다. 손톱을 물어뜯거나 다리를 떠는 습관처럼 말이에요. 그러니 어려서부터 좋은 습관을 가져야겠죠?

여러분도 좋은 습관을 가져 보아요.

한번 잘못 든 버릇을 고치기란 쉽지 않습니다. 처음에는 귀찮다는 생각이 들 수 있겠지요. 하지만 이런 작은 노력을 계속하다 보면 어느덧 좋은 습관이 될 거예요. 우리의 습관과 행동은 결국 우리 자신이 만들어 가는 것이랍니다.

하기 싫은 일이라도 꾸준히 하루에 5분이나 10분씩 규칙적으로 하다 보면 한 달 뒤에는 좋은 습관으로 자리를 잡게 될 거예요. 어린이 여러분도 하기 어렵거나 힘든 일이라고 생각되는 일부터 이렇게 한번 해 봐요. 이런 습관이 들면 무슨 일이든 해낼 수 있다는 자신감도 생기게 될 거예요.

아하, 그렇구나!

산업 현장에서 정리 정돈은 '안전의 어머니'랍니다

일을 하는 산업 현장에서도 정리 정돈은 무척 중요해요. 한 조사에 따르면, 우리나라 산업 현장에서 발생하는 안전사고의 80퍼센트가 정리 정돈을 제대로 하지 않아서 일어난다고 해요. 아파트 공사장을 떠올려 볼까요? 망치, 톱 등 날카로운 도구를 잘 치우지 않거나 쓰고 나서 제자리에 놓지 않으면 크게 다칠 수 있어요. 하지만 정리 정돈을 잘하면 위험이 줄어들어 사고를 막을 수 있지요. 그래서 일을 하는 현장에서는 정리 정돈을 '안전의 어머니'라고 한답니다.

내 방의 주인은 나랍니다

여러분이 사용하는 물건들은 여러분이 날마다 먹는 음식과 비교할 수 있어요. 음식은 우리 몸에 필요한 영양소를 제공해 주지요. 영양소 덕분에 우리는 몸을 움직일 수 있는 힘이 생긴답니다. 하지만 음식을 소화시켜 에너지로 쓴 뒤에는 찌꺼기들을 몸 밖으로 내보내야 합니다. 만약 그렇게 하지 못하면 병에 걸리고 말 거예요.

우리 주변의 물건도 마찬가지랍니다. 더 이상 쓸모가 없는 물건들을 방 안에 계속 쌓아 놓기만 하면, 나중에는 잠 잘 곳도 없게 될 거예요. 사람이

아니라 물건들이 방의 주인이 되는 셈이지요. 따라서 물건을 새로 들이려면 꼭 필요한 것만 사고, 다 사용한 다음에는 정리를 해야 합니다. 그래야 다른 물건들을 위한 자리가 생기겠지요.

정리 정돈 할 것들을 찾아볼까요?

여러분이 정리 정돈 할 것들을 집과 학교, 생각과 계획 등으로 나누어 보았습니다. 여러분은 어떻게 생활하고 있는지 비교해 보세요.

집 안에서

- 밖에서 돌아오면 신발 가지런히 놓기
- 철 지난 신발은 신발장에 넣어 두기
- 장난감을 가지고 논 다음에는 제자리에 놓기
- 밥을 먹고 나면 빈 그릇들은 개수대에 가져다 놓기
- 텔레비전을 보고 나서 리모컨 제자리에 두기

내 방에서

- 책상은 깨끗이 정리하기
- 책장의 책들도 보기 좋게 정리하기
- 옷장의 옷들도 가지런히 보관하기
- 더러운 옷과 양말은 세탁기에 넣기
- 방 안이나 책상에 굴러다니는 동전들은 저금통에 넣기
- 필요하지 않은 물건들 정리하기

학교 생활 준비

- 가방과 학용품에 이름 쓰기

> **아하, 그렇구나!**
>
> ### 습관은 어린 시절에 형성됩니다
>
> 사람들은 저마다 다른 습관을 갖고 있습니다. 그런데 이런 습관은 뇌의 활동에서 비롯됩니다. 우리는 뇌가 판단하고 지시하는 대로 반응하고 움직이지요. 그런데 이런 습관은 대부분 어린 시절에 형성된 뇌 회로 때문이랍니다. 뇌 회로는 숲에 난 길과 비슷합니다. 수풀이 가득 우거진 길을 지나가기란 쉽지 않지요. 하지만 한번 길이 나면, 그 길을 따라 걷는 것은 어렵지 않습니다. 그래서 점점 그 길로만 다니다 보면 넓은 산책로가 만들어진답니다.

- 수업 과목별로 공책들 잘 정리하기
- 다음 날 수업할 과목의 준비물 잘 챙기기
- 교실의 사물함 잘 정리하기

생각과 계획

- 오늘 할 일들을 중요한 순서대로 머릿속에 정리하기
- 정리한 일들을 차례대로 실천하기
- 일기를 쓰면서 하루 동안에 한 일과 생각들 정리하기

> 아하, 그렇구나!
>
> ### 내가 나로서 바로 서는 시기
>
> 독일 출신의 심리학자인 에릭 에릭슨(1902~1994년)은 인간의 성격 발달을 8단계로 나누었습니다. 그런데 에릭슨은 6세부터 11세까지를 자아 성장의 결정적인 시기로 보았습니다. 쉽게 말하면, 이때가 '내가 나로서 바로 서는 시기'라는 뜻이지요. 이 시기의 어린이는 또래 아이들과 어울려 노는 것뿐만 아니라, 사회에서 필요한 기술들을 배우고 익히게 됩니다. 문화가 발달하지 못한 미개 사회에서는 사냥이나 농업 기술 등을 배우고, 현대 사회에서는 읽기, 쓰기, 셈하기를 비롯한 기본 지식을 얻기 위해 학교에 들어가게 되지요. 그런데 이 시기에 스스로 일하거나 자율적으로 공부하는 과정을 거치지 못하면, 자라서도 남에게 의존하거나 조금만 힘든 일도 쉽게 포기하는 사람이 되기 쉽답니다.

· 필요 없는 물건을 버리는 것도 중요해요.

엄마 아빠, 보세요!

부모가 모범을 보여야 해요

열 살부터 자아 형성이 시작됩니다!

　대부분의 부모님들은 정리 정돈을 잘하지 못하는 아이 때문에 속상했던 기억이 있을 겁니다. 어린이들의 정리 정돈을 습관화하기 위해서는 엄마 아빠의 역할도 중요합니다.

　발달심리학자에 따르면, 어린이에게 열 살 무렵은 무척 중요하다고 합니다. 자아 형성과 더불어 자신만의 가치관이 본격적으로 형성되는 시기이기 때문입니다. 그래서 이 나이에는 정리 정돈에 대해 가르쳐서, 아이가 어느 정도 습관으로 몸에 배도록 해야 합니다. 그럼 어떻게 하면 아이가 자신의 방과 주변을 정리할 수 있을까요?

아이가 스스로 하는 것이 중요합니다

　"아이가 학원에 가야 해서 시간이 없어요." "아이가 정리를 잘 못해서 내가 하는 게 마음 편해요." 부모님들에게 이런 말을 자주 듣습니다. 하지만 이런 생각은 금물입니다. 오히려 부모님부터 정리 정돈의 필요성에 공감해야 합니다. 무엇이 아이를 정말로 위하는 일인지 알아야 합니다. 따라서 아이 대신 책상 정리, 방 청소를 해 주지 말고 반드시 아이 스스로 하도록 지도해야 합니다. 모든 부모님은 아이들이 몸과 마음이 건강하게 자라기를 소망합니다. 이를 위해서는 책상 앞에 앉아 있는 시간 못지않게 자신의 방을 정리 정돈하는 자세도 중요하다는 것을 알아야 합니다.

　'정리 정돈 하기 전에 순서 정하기', '한 번에 한 가지씩 또박또박 정리하기', '정리 정돈 했다고 인정받을 수 있는 기준 정하기' 등을 아이 스스로 규칙으로 만드는 것이 중요합니다. 그리고 정리 정돈 규칙표를 만들어서 확인하는 게 좋습니다. 물론 정리 정돈을 재미있게 받아들이도록 아이의 의견에 충분히 귀를 기울여야 하지만, 구체적인 규칙을 지도할 때에는 때로는 엄격함도 필요합니다.

솔선수범하는 방법

정리 정돈은 아이가 익혀야 할 좋은 생활 습관 가운데 하나입니다. 자신만의 생각에 따라 일의 순서를 정하고 실천하는 계획성 있는 태도를 배울 수 있기 때문입니다. 하지만 현실은 어떤가요? 대부분의 아이들은 정리 정돈이나 청소의 방법도 의미도 제대로 모릅니다. 하지만 아이들 탓만 할 수는 없습니다. 부모님이 정리를 잘하지 않는 가정에서는 아이도 잘 못할 수밖에 없습니다. 자라나는 아이에게는 부모님의 영향력이 절대적입니다. 따라서 부모님이 정리하는 모습을 먼저 보여 주어야 합니다.

솔선수범하는 데에도 여러 방법이 있습니다. 그중에서 부모님과 아이가 함께 머무르는 공간을 활용하기를 권합니다. 가족들이 자주 모이는 거실의 예를 들어볼까요. 날마다 엄마는 신문과 책을 제자리에 갖다 놓고, 아빠는 바닥 청소를 하는 겁니다. 이런 모습을 매일 보면 아이는 어떤 반응을 보일까요? 걸레를 들고 나서서 부모님을 도울 수도 있고, 자신의 방으로 들어가서 정리와 청소를 시작할 수도 있습니다. 가족이 함께 있는 장소에서 부모가 모범을 보임으로써 아이의 자연스러운 호응을 이끌어 내는 것이지요. 또, 그러다 보면 가족 간의 이해와 배려도 한층 강화될 것입니다.

정리 정돈은 왜 중요할까요?

정리 정돈과 청소를 잘하면 주변 환경이 깨끗해지고, 기분도 상쾌해집니다. 그래서 무슨 일을 하든지 집중력이 생기고 창의력도 풍부해지지요. 또한 몸과 마음이 건강해질뿐더러, 가족이나 친구들과의 관계도 한결 좋아진답니다. 정리 정돈은 거창한 것이 아닙니다. 언제든지 마음만 먹으면 곧바로 시작할 수 있습니다. 주변에 있는 작은 일부터 시작하다 보면, 정리 정돈에 재미를 붙일 수도 있답니다.

정리 정돈을 잘하면 무엇이 좋을까요?

가정은 가족에게 행복하고 편안한 보금자리를 제공해 줍니다. 가정은 몸과 마음을 편히 쉴 수 있는 곳입니다. 하지만 집 안을 잔뜩 어질러 놓고 치우지 않는다면, 가족 모두가 편히 쉴 수 있는 공간이 될 수 없겠지요. 혹시라도 여러분이 어질러 놓은 것을 자꾸만 엄마 아빠나 할머니가 치우게 되면, 자기만 생각하는 이기적인 아이가 될 수 있답니다.

집안일을 거드는 것은 단지 엄마를 도와 드리는 것뿐이 아닙니다. 집안일을 거들다 보면 대화도 많이 나누게 되지요. 또한 이렇게 서로 이해하고

배려하는 가운데 가정의 분위기도 더 밝고 따뜻해진답니다. 게다가 올바른 생활 습관까지 익히게 되니, 가장 도움을 받는 사람은 바로 여러분 자신이겠지요. 이것 외에도 정리 정돈을 잘함으로써 생기는 장점은 아주 많답니다.

선택하는 법을 배우게 돼요

정리 정돈을 하다 보면, 버려야 할 물건과 계속 사용할 물건을 선택하는 방법을 배울 수 있답니다. 물론 처음에는 쉽지 않겠지요. 그럴 때에는 나보다 그 물건을 필요로 하는 사람이 없는지 생각해 보세요. 그 사람은 동생일 수도 있고 친구일 수도 있을 거예요. 친구가 떠오른다면, 그 친구에게 선물로 주어 보세요. 깨끗이 새것처럼 닦아서 예쁘게 포장까지 해서 준다면, 받는 사람도 기분이 좋을 거예요. 어떤 물건이든 그것을 필요로 하는 사람이 갖게 될 때 가장 가치 있는 물건이 되겠죠.

생각의 폭이 넓어지고 창의력도 풍부해져요

방을 치우고 물건을 제자리에 놓는 것이 생각과 어떤 관계가 있는지 궁금하죠? 하지만 정리 정돈을 자주 하는 친구들은 고개를 끄덕일 거예요. 왜냐고요? 정리를 하면서 생각을 많이 하기 때문이지요. 정리 정돈을 하다 보면 '이렇게 하면 어떨까?', '저렇게 하면 어떨까?' 하고 계속 생각

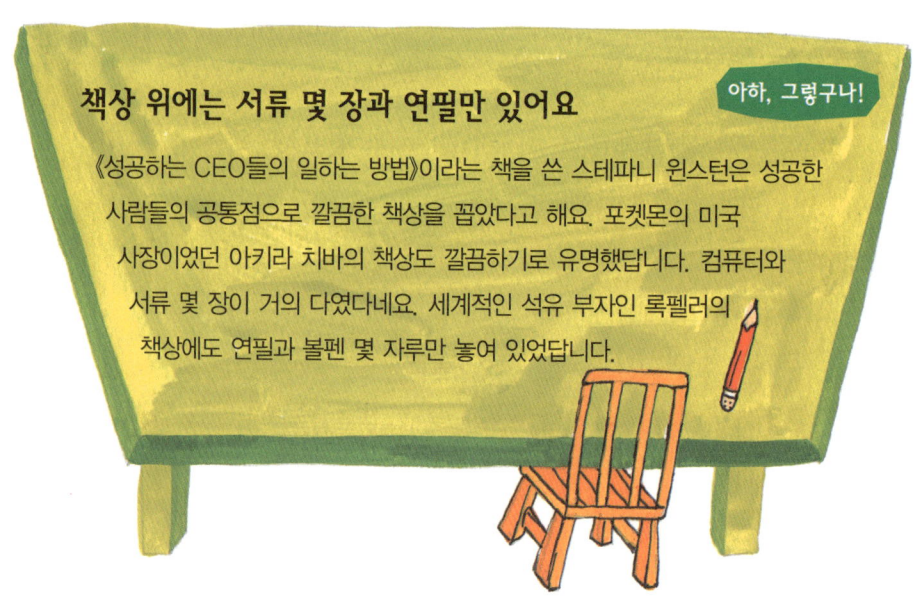

책상 위에는 서류 몇 장과 연필만 있어요   아하, 그렇구나!

《성공하는 CEO들의 일하는 방법》이라는 책을 쓴 스테파니 윈스턴은 성공한 사람들의 공통점으로 깔끔한 책상을 꼽았다고 해요. 포켓몬의 미국 사장이었던 아키라 치바의 책상도 깔끔하기로 유명했답니다. 컴퓨터와 서류 몇 장이 거의 다였다네요. 세계적인 석유 부자인 록펠러의 책상에도 연필과 볼펜 몇 자루만 놓여 있었답니다.

을 하게 되잖아요. 뿐만 아니라, 우리가 정리하고 정돈해야 하는 일은 너무도 많답니다. 책장 정리만 하더라도 교과서는 교과서끼리, 동화책은 동화책끼리 종류와 주제별로 잘 분류해서 놓으면 얼마나 보기도 좋고 편리하겠어요. 이런 과정을 되풀이하다 보면 자신도 모르게 생각의 폭이 넓어지고 창의력도 샘솟게 된답니다.

책임감이 생겨요

날마다 스스로 방을 정리하고 물건들을 제자리에 두는 것은 자신과의 약속을 지키는 일입니다. 이런 일이 습관이 되면, 밖에서도 질서를 지키고

예의 바른 생활을 할 수 있습니다. '하나를 보면 열을 알 수 있다.'는 말도 괜히 생긴 게 아니겠지요. 집에서 정리 정돈 습관을 익힌 어린이는 학교에서도 책임감이 강하답니다. 주변을 어지럽혀서 다른 사람에게 피해를 주지 않는 것은 물론이고, 한번 맡은 일은 끝까지 해내는 반듯한 생활을 한답니다. 이런 친구들은 학교를 졸업하고 어른이 되어도 사회생활을 잘하겠지요.

절약 정신이 생겨요

청소를 하면서 집 안을 굴러다니는 동전으로 가득 채운 돼지 저금통을 보면 기분이 어떨까요? 아마 별것 아니라고 생각했던 청소가 커다란 변화를 가져온 사실에 대해 놀라겠지요. 가끔씩은 학교 준비물도 저금통의 동전으로 산다면, 부모님이 무척 대견해하실 거예요. '티끌 모아 태산'이라는 말처럼, 아무리 작은 것이라도 잘 관리하면 언젠가는 커다란 선물이 되어 돌아온답니다. 정리 정돈에는 꼭 필요한 것과 필요하지 않은 것을 구분하는 일도 포함됩니다. 그러다 보면 어느새 절약하는 일

이 습관이 되고 자립심도 강해지겠지요. 또한 재활용하고 다시 사용하는 일이 습관이 되면 쓰레기가 줄어들어 환경에도 좋은 영향을 미치겠지요.

아하, 그렇구나!

화장실 청소를 시켜 보고 직원을 뽑아요

자동차에 사용하는 전동기 등을 만드는 일본전산이라는 회사는 독특한 입사 시험을 치르는 것으로 이름이 났지요. 직원을 뽑을 때 화장실 청소를 꼭 시켜 보았다니까요. 화장실을 청소하는 태도를 보면 그 사람의 겉과 속을 알 수 있다고 믿었기 때문입니다. 열정이 있는 사람이라면 다른 사람들이 하기 싫어하는 화장실 청소도 열심히 할 거라고 믿었던 것이지요. 이런 사람이라면 회사를 자신의 것처럼 아끼고 일도 정성스럽게 할 테니까요. 일본전산은 다른 회사들이 어려울 때에도 이런 정신으로 똘똘 뭉쳐서 위기를 극복하고 더욱 발전했답니다. 이처럼 남들이 보기에 하찮고 보잘 것 없는 일일지라도, 최선을 다해 실천하는 사람이라면 어떤 힘든 상황에 부딪쳐도 이겨 낼 수 있겠지요.

가족, 친구들과의 관계가 좋아지고 건강해져요

철수는 학교에서 돌아와서 느긋한 마음으로 거실에서 만화영화를 보았어요. 그러나 깜빡 잊고 리모컨을 제자리에 놓지 않았지요. 이날은 여느 날보다 아빠가 일찍 직장에서 돌아오셨어요. 모처럼 함께 저녁을 먹고 텔레비전을 보려는데, 리모컨이 어디에 있는지 보이지 않았답니다. 아빠는

엄마에게 리모컨이 어디 있냐고 물었어요. 그러자 엄마는 아까 철수가 리모컨을 사용했다고 하면서 철수에게 물어보라고 했지요. 그러나 철수도 어디에 두었는지 모르겠다고 대답을 했답니다. 아빠는 "너는 만날 왜 그 모양이냐!"고 하면서 철수를 꾸중했습니다.

이렇듯 작은 물건 하나 때문에 온 가족의 마음이 불편해지는 경험을 해 봤을 거예요. 하지만 사용한 물건을 언제나 제자리에 두는 습관을 들이면 이런 일이 생길 리 없겠지요. 그러면 야단을 맞거나 집에서 큰 소리가 날 일도 좀처럼 없겠지요. 이런 것은 학교나 다른 곳에서도 마찬가지랍니다. 나부터 솔선수범하여 정리 정돈을 잘하면, 가족은 물론이고 친구들과의 관계도 훨씬 좋아지고 신뢰도 얻게 된답니다.

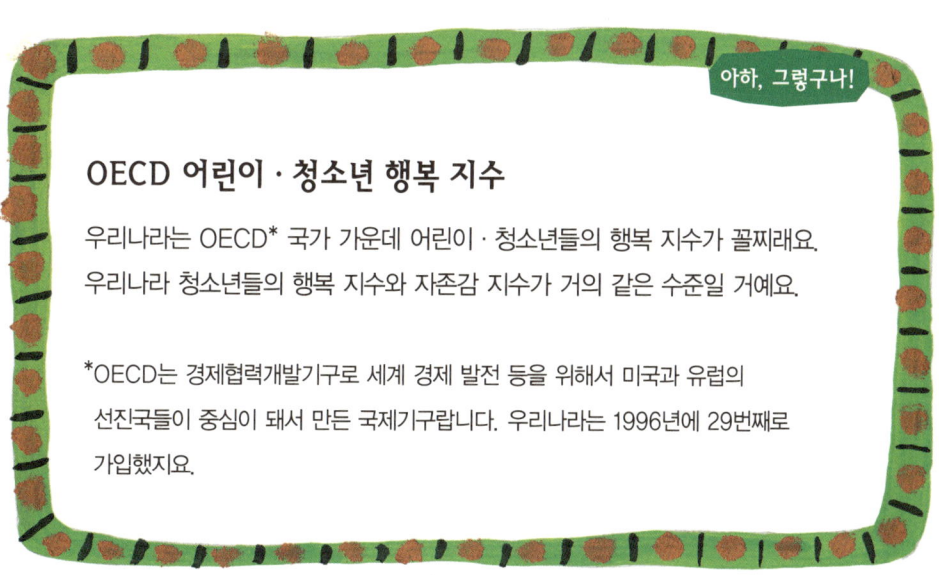

아하, 그렇구나!

OECD 어린이·청소년 행복 지수

우리나라는 OECD* 국가 가운데 어린이·청소년들의 행복 지수가 꼴찌래요. 우리나라 청소년들의 행복 지수와 자존감 지수가 거의 같은 수준일 거예요.

*OECD는 경제협력개발기구로 세계 경제 발전 등을 위해서 미국과 유럽의 선진국들이 중심이 돼서 만든 국제기구랍니다. 우리나라는 1996년에 29번째로 가입했지요.

몸이 건강해져요

여러분도 더럽고 지저분한 곳에 오래 있다가 기침이 나고 머리까지 아팠던 기억이 있을 거예요. 청소를 제때 하지 않으면, 집먼지진드기들이 방 안이나 침대에 둥지를 틀고 사람의 피부에서 떨어지는 부스러기들을 먹고 살게 됩니다. 그리고 이런 것들이 방 안을 떠돌다가 우리 몸에 들어오면 코에 염증을 일으키는 비염이나 알레르기성 피부병을 일으키고, 기침을 심하게 하는 천식 등에 걸리게 됩니다.

하지만 말끔히 청소하고 정리하면, 먼지가 줄어들고 공기가 깨끗해지면서 건강해지겠지요. 이렇게 자주 정리 정돈을 하고 청소를 하면 또 다른 소득도 있답니다. 몸을 부지런히 움직이다 보면 그만큼 에너지를 소비해서 좀처럼 살이 찌지 않는답니다.

정서적으로 안정이 되어요

정리 정돈을 잘하면 주변 환경이 깨끗해져서 머릿속도 맑아집니다. 그래서 마음도 편안하고 안정되지요. 이런 상태에서 책을 읽거나 공부를 하면 당연히 집중도 잘되겠지요. 힘든 일이 있어도 정리가 잘된 방에서는 한결 마음이 편안해질 거예요. 이와 반대로 정리 정돈을 잘하지 못하면 어떻게 될까요? 어지러운 방에서는 머릿속이 뒤죽박죽이 되고 마음도 엉망이 될 거예요. 지저분한 책상에서는 공부하고 싶은 생각도 없어지겠지요. 게다가 필요한 물건을 바로 찾지 못해서 허둥지둥 시간을 낭비하면서 안절부절못하게 되지요.

사람의 마음을 전문적으로 연구하는 심리학자들에 따르면, 흐트러진 방이나 청소가 되어 있지 않은 사무실에서 계속 생활을 하면 혈압이 높아지고 심장도 두근거리게 된답니다. 그래서 목이나 어깨가 무거워지고, 이유 없이 초조해지거나 화도 자주 내게 된다고 합니다. 이러니 더러운 방에서는 몸과 마음이 절대로 건강할 수 없겠지요.

> 아하, 그렇구나!

뇌는 아름답거나 좋은 것을 보면 더 활발해져요

뇌를 전문적으로 연구하는 학자들이 재미있는 연구 결과를 발표한 적이 있어요. 사람의 뇌는 아름다운 것을 보거나 좋은 기억을 떠올릴수록 활발하게 기능을 한다는 사실이에요. 엄마 아빠가 아이에게 언제나 좋은 것을 보여 주고, 즐거운 이야기를 들려주려는 것도 바로 이런 이유 때문이 아닐까요. 뿐만 아니라, 몸을 부지런히 움직여서 주변 환경을 깨끗이 하면 뇌의 기능이 더 좋아진답니다. 우리가 일이나 운동을 열심히 하면 심장이 더 많은 피를 뇌로 보내 주어서 뇌세포에 산소와 영양 공급이 더 잘되기 때문이라는군요.

깨끗한 환경의 중요성을 알았던 나이팅게일

여러분도 나이팅게일(1820~1910년)이 누구인지 잘 알고 있지요? 나이팅게일은 환자들을 제 몸처럼 돌보았던 영국의 유명한 간호사랍니다. 그런데 나이팅게일이 한창 일하던 시절에는 병원에서조차 청소에 대해 중요하게 생각하지 않았다지요. *크림전쟁 중에 나이팅게일이 일했던 육군 병원의 사망률은 무려 42퍼센트나 되었답니다. 그런데 나이팅게일의 말대로 병원을 깨끗이 청소하고 소독하자, 6개월 만에 사망률이 2퍼센트까지 내려갔다고 합니다. 사망률이 그토록 높았던 것은 병원의 지저분한 환경과 나쁜 공기 때문이었지요. 또한 나이팅게일은 병들고 가난한 사람들에게도 쓰레기 처리법과 물을 깨끗이 하는 방법 등을 가르쳐 주었어요. 이런 노력 덕분에 무서운 전염병인 콜레라가 영국에 돌았을 때 많은 사람들이 생명을 건질 수 있었답니다.

*크림전쟁

1853~1856년 크림반도와 흑해를 둘러싸고 오스만튀르크, 영국, 프랑스, 프로이센, 사르데냐가 러시아와 벌인 전쟁이에요. 크림반도는 유럽의 '우크라이나'라는 나라의 남쪽에 있어요. 흑해는 유럽과 아시아 사이의 바다랍니다.

 작은 정성이 커다란
변화를 가져오지요

자기가 생활하는 공간인 방이나 거실, 부엌이나 화장실을 마구 어지르고 제대로 치우지 않는 어린이들이 적지 않습니다. 공부할 것이 많아서 정리 정돈을 하고 청소할 시간이 없다고요? 하지만 우리는 책을 통해서만 배우는 것이 아닙니다. 오히려 생활 속에서 꾸준히 작은 실천을 함으로써 배우는 게 많답니다. 그리고 이런 실천을 통해서 몸과 마음이 성장을 하는 것이지요.

청소는 사람을 귀하게 여기는 행동이지요

청소를 잘하는 것은 사물을 소중하게 여기는 것입니다. 그리고 사물을 아끼고 귀하게 여기는 것은 사람을 귀하게 생각하는 마음으로 이어집니다. 청소를 깨끗이 하면 나를 비롯해서 주변 사람들까지 기분이 좋아진답니다. 이런 좋은 모습들을 계속 보게 되면 청소를 하는 사람은 마음이 밝고 즐겁게 바뀌게 되지요. 여러분도 마음이 복잡하고 우울할 때 정리 정돈을 깔끔하게 하고 청소를 하면, 마음이 즐겁고 편안하게 바뀌는 것을 느낀 적이 있을 거예요. 이렇듯 청소는 삶을 긍정적으로 바꾸게 하는 힘이 있답니다.

성취감을 느낄 수 있어요

여러분도 '등잔 밑이 어둡다.'라는 속담을 들어보았지요. 가까이 있는 것을 오히려 보지 못할 수도 있다는 뜻이랍니다. 그럼 우리와 가까운 곳에서 바로 지금 실천할 수 있는 것은 무엇일까요? 그것은 바로 청소랍니다. 지저분한 것을 치우고 잔뜩 어질러져 있던 물건들을 제자리에 가지런히 정리하고 나면, 다른 일도 잘할 수 있는 자신감이 생긴답니다. 그리고 이런 성취감을 날마다 느끼게 되면 어느덧 스스로를 아끼고 사랑하는 마음도 무럭무럭 자라게 되지요. 이렇듯 청소는 긍정적이고 능동적인 태도를 갖게 하는 힘을 줍니다. 그렇다면 청소는 '내가 바람직한 나'로 변화하는 첫걸음인 셈입니다.

정리 정돈이 안 된 서점의 미래

아하, 그렇구나!

서점에 책을 사러 갔는데 책을 찾을 수 없을 정도로 뒤섞여 있고, 바닥은 쓰레기들로 지저분하다면 어떨까요? 게다가 책을 고르는데 나쁜 냄새까지 난다면 아마도 이 서점에 다시는 가고 싶지 않겠죠. 이 서점은 어떻게 될까요? 아마도 곧 문을 닫게 될 거예요. 손님이 없는데 서점을 운영할 수 없겠죠.

청소는 행복을 부르는 힘이에요

'아, 귀찮아. 이런 일을 날마다 해야 하나?' 굳게 마음을 먹었어도, 막상 실천을 하려면 이런 생각이 들지도 모르겠습니다. 하지만 청소는 단지 먼지를 닦고 지저분한 물건들을 치우는 일로 그치지 않습니다. 땀 흘리며 열심히 청소한 뒤에 느끼는 개운함은 생각지도 못했던 선물을 가져다준답니다. 방바닥을 깨끗하게 걸레질하고 유리창까지 말끔히 닦아낸 다음, 창문을 활짝 열어 보세요. 밝은 햇살과 시원한 바람이 방 안을 가득 채우는 순간, 여러분은 아마도 행복감까지 느끼게 될 것입니다. 처음에는 눈에 보이는 것들만 깨끗이 하려 했는데, 어느덧 눈에 보이지 않는 마음까지 환해지는 것이지요.

자신의 마음을 들여다보게 합니다

혹시 마음이라는 것에 대해 생각해 본 적이 있나요? 국어사전에서 찾아보면 마음은 '감정이나 생각 따위가 깃들이거나 생겨나는 곳'이라고 풀이되어 있습니다. 알 것 같으면서도 알쏭달쏭한 설명이지요? 그러나 기쁨, 슬픔, 노여움 같은 감정을 떠올려 보면 조금은 이해하기가 쉬울 것 같습니다. 이런 것들은 모두 내 마음이 일으키는 작용이니까요. 이때 중요한 것은 내가 내 마음의 주인이 되는 것입니다. 별일 아닌데도 불쑥 짜증을 내거나 화를 내는 것은 내가 마음의 주인이 되지 못하고 있다는 증거입니다.

내가 마음의 주인이 되지 못한 친구들은 마구 어질러지거나 나쁜 냄새가 나는 방에 들어와도 그것을 알지 못합니다. 그래서 엄마나 할머니가 방을 좀 치우라고 해도 왜 청소를 하는지를 알지 못합니다. 자신이 이런 증상이 있는 어린이는 부모님과 얘기를 나눈 뒤에, 상황에 따라 의사 선생님과의 상담도 필요할 수 있습니다. 왜냐하면 마음에 문제가 있을 가능성이 높기 때문입니다.

대부분의 어린이들은 더러운 것을 알기는 하지만 게을러서 청소를 미루거나 바쁘다는 핑계를 되면서 정리를 안 합니다. 그러다 보면 방 안이 돼지 우리처럼 될 수 있기 때문에 엄마나 할머니가 청소를 해 준답니다. 그런데 이런 습관이 계속되면 자기만 아는 이기적인 어른으로 성장할 수 있습니다.

우리들은 즐거운 사회생활을 하기 위해서 서로서로 이해해 주고 배려하면서 살아야 합니다. 이런 사실을 깨닫는다면 우리는 얼마든지 변화할 수 있습니다. 자신은 청소나 정리 정돈을 할 때 어떤지 한번 생각해 보세요. 청소를 통한 마음 들여다보기로 친구나 엄마, 아빠에게 어떻게 대하고 있는지 생각해 보세요. 이런 자세가 점차 다른 사람들에 대한 이해와 배려하는 마음으로 발전하게 된답니다. 그리고 다른 사람들이 자신의 배려에 대해서 고마워하는 것을 보면서 기쁨도 느끼게 된답니다.

자립심을 길러 줍니다

정리 정돈을 잘하면 자신이 진짜 좋아하는 일을 찾아낼 수 있답니다. 정

리 정돈이 끝난 방 안을 함께 둘러보기로 해요. 여러분의 책상 위에는 어떤 책이 놓여 있나요? 옷장 안에는 어떤 옷이 걸려 있나요? 아마 꼭 필요하거나 여러분이 좋아하는 것이겠지요. 필요 없거나 좋아하지 않는 물건이라면 벌써 다른 곳으로 치워 두거나 버렸을 테니까요.

　이런 선택은 여러분이 스스로 한 것입니다. 자신의 판단에 따라 결정하고 행동으로 옮겼다는 뜻이지요. 이렇게 스스로 결정하고 선택하는 습관을 기르면, 자율성과 자립심이 높아집니다. 여러분은 지금은 부모님의 보호를 받고 있지만, 점점 스스로 결정하고 선택하는 삶을 살게 됩니다. 물론 그런 권리에 따르는 책임도 여러분이 지게 되겠지요. 그것이 바로 진정한 '성장'의 의미랍니다.

청소하다가 내가 하고 싶은 일을 찾았어! 난 도시농부가 될 거야.

자존감이 높아져요

　여러분은 이다음에 어떤 사람이 되고 싶나요? 그리고 어떤 일을 하고 싶나요? 밤하늘에 빛나는 별처럼, 여러분도 저마다의 아름다운 꿈을 가슴속에 간직하고 있겠지요? 하지만 이 세상에서 노력을 하지 않고 이룰 수 있는 일은 아무것도 없답니다. 자신의 꿈을 향해 한 발자국씩 뚜벅뚜벅 걸어갈 때 그 목표는 가까워지지요. 이렇게 긴 여행을 떠날 때에는 한결같은 마음가짐과 꾸준한 실천이 필요합니다. 정리 정돈을 잘하는 것은 이런 여행을 위해 장비를 잘 갖추는 것과 비슷합니다. 정리 정돈을 잘하게 되면 무슨 일이든 잘할 수 있겠다는 자신감이 생기게 됩니다. 그리고 작고 일상적인 일이라도 성실하게 하면 자신에 대한 믿음도 생깁니다. 자신을 사랑하고 존중하는 자존감이 높아지게 되는 것이지요.

청소로 깨달음을 얻은, 주리반특

석가모니 부처님의 제자였던 주리반특은 머리가 나쁘다는 이유로 주변 사람들에게 놀림을 많이 받았답니다. 머리가 얼마나 나빴던지 때때로 자신의 이름마저 잊어버릴 정도였다지요. 주리반특은 고민을 하다가 마침내 부처님을 찾아가서 이곳을 떠나겠다고 말했습니다.

그러자 부처님은 이렇게 말했습니다.

"자신이 어리석다는 것을 아는 사람은 결코 어리석은 사람이 아니다. 하지만 아직 어려운 설법은 이해하지 못하는 것 같으니, 한 가지만 가르쳐 주마. 여기 빗자루가 있으니, 이 빗자루를 들고 마당을 쓸어라. '먼지를 털고 때를 벗기리라!' 하고 말하면서 날마다 빗자루로 쓸도록 하여라."

주리반특은 부처님의 이 말씀을 절대로 잊지 않았어요. 그래서 "먼지를

털고 때를 벗기리라!" 하고 중얼거리면서 하루도 빠짐없이 청소를 했다지요. 10년도 넘게 쓸고 또 쓸었답니다.

다른 제자들은 처음에는 주리반특을 놀려댔습니다. 하지만 나중에는 부처님의 말씀을 묵묵히 따르는 주리반특을 오히려 존경하게 되었답니다. 그러던 어느 날, 주리반특은 청소를 하다가 다음과 같은 깨달음을 얻었답니다.

"마음속에 있는 욕심, 나쁜 마음을 없애는 것이 중요하구나!"

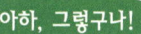

생텍쥐페리가 말하는 행복과 자유

생텍쥐페리(1900~1944년)는 프랑스의 비행기 조종사이자 소설가였어요. 그가 남긴 작품으로는 그 유명한 《어린 왕자》가 있지요. 사하라 사막에 불시착한 조종사가 어느 작은 별에서 지구로 온 어린 왕자를 만나 그의 이야기를 듣는 내용이지요. 너무도 순수하고 아름다운 이야기라서 어린이뿐만 아니라 어른도 내내 잊지 못하는 작품이랍니다.

그런데 생텍쥐페리가 행복과 자유에 대해 남긴 말이 있습니다. "진정한 행복은 자신이 해야 할 일을 하는 데 있다."와 "진정한 자유는 자신과의 약속을 지켰을 때 찾아온다."라는 말이지요. 그렇다면 행복과 자유도 결국 자신의 선택과 의무에 대한 것이로군요. 자신이 정말로 해야 할 일을 해 나갈 때 행복의 가능성과 자유의 폭도 넓어지니까요. 마찬가지로 정리 정돈을 잘하는 것도 자신과의 약속을 지키는 과정이랍니다. 그렇게 함으로써 여러분은 자신이 바라는 꿈에 더 다가갈 수 있지요.

깨진 유리창 이론

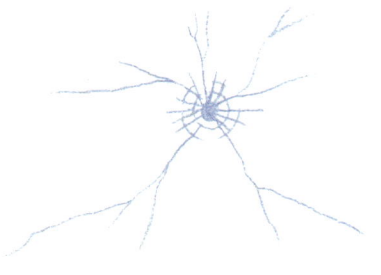

유리창이 조금 깨졌을 뿐인데…

1969년 미국의 심리학자인 필립 짐바르도 교수가 재미있는 실험을 했어요. 어느 골목에 두 대의 자동차 덮개를 열어 놓은 채 일주일 동안 놔두었어요. 그중 한 대는 덮개만 열어 놓고, 다른 한 대는 일부러 창문을 조금 깬 상태로 놓았지요. 그런데 일주일 뒤, 두 자동차에는 분명한 차이가 생겼답니다. 덮개만 열어 둔 자동차에는 특별한 변화가 없었어요. 하지만 덮개를 열어 놓고 유리창도 깨진 자동차는 엉망이 되었답니다. 타이어가 빠지고, 낙서투성이에다 잔뜩 부서져서 고철 덩어리처럼 되었대요.

유리창을 조금 깨뜨렸을 뿐인데, 결과가 이렇게 달랐답니다. 이 실험에서 사용된 깨진 유리창 때문에 '깨진 유리창 이론'이 생겼답니다. 작고 사소해 보이는 것일지라도 그대로 두면 나중에는 커다란 문제가 된다는 이론이었지요. 정리 정돈이나 청소도 마찬가지랍니다. 다른 일로 바쁘다며 조금씩 어질러 놓으면, 얼마 지나지 않아 집 안이 온통 잡동사니 동산처럼 되어 버립니다. 뿐만 아니라, 이런 식으로 버릇이 들면 평생을 쓰레기장 같은 곳에서 생

뉴욕 지하철이 이제 안전해졌어요.

활하게 될지도 모릅니다.

미국 지하철에서 낙서를 지운 뒤 범죄가 사라졌어요

1980년대만 해도 뉴욕에서는 해마다 60만 건 이상의 지하철 범죄가 일어났지요. 여행객들 사이에서 "뉴욕의 지하철은 절대 타지 마라!"는 말이 나돌 정도로 무서운 곳이었지요. 그때 한 대학 교수가 '깨진 유리창 이론'을 활용한 제안을 했답니다. 뉴욕의 지하철 범죄를 줄이기 위해서 낙서를 모두 지우자고 한 거예요. 온통 지저분한 낙서 투성이인 지하철이 창문이 깨져 있는 자동차의 상태와 비슷하다고 판단했던 것이지요.

처음에는 대부분의 사람들이 이 제안에 반대했답니다. 범죄를 막을 시간도 부족한데, 대수롭지 않은 낙서를 지우기 위해 신경을 쓴다는 것은 시간 낭비라고 생각했지요. 하지만 뉴욕의 교통을 책임지는 사람의 생각은 달랐어요. 그래서 직원들에게 지하철 6천 대의 낙서를 모두 지우게 했답니다. 낙서가 얼마나 많았던지 모든 낙서를 지우기까지 무려 5년이나 걸렸답니다.

그렇다면 낙서를 지운 다음 뉴욕의 지하철은 정말 안전해졌을까요? 여러분 놀라지 마세요. 낙서 청소가 끝난 뒤 뉴욕 지하철의 범죄는 무려 75퍼센트나 줄어들었답니다. 낙서 지우기 운동이 성공하자, 이번에는 뉴욕 경찰도 비슷한 대책을 세웠어요. 이런 노력들이 계속되면서 마침내 뉴욕은 범죄 도시라는 나쁜 이미지를 차츰 벗게 되었답니다.

청소 운동가, 안창호 선생님

독립운동가와 청소부

안창호(1878~1938년) 선생님은 일본으로부터 우리나라를 독립시키기 위해 평생을 힘썼던 독립운동가입니다. 일찍이 스물 중반의 나이에 미국으로 공부를 하러 갔다가, 그곳에서 어렵게 살고 있는 우리나라 사람들을 만났지요. 그런데 우리 동포들이 미국 사람들에게 무시당하는 것을 본 선생님은 무척 마음이 아팠답니다. 선생님은 자신의 공부보다도 동포들의 생활 습관을 변화시키는 것이 더 절실하다고 느꼈지요. 그래서 날마다 빗자루를 손에 들고 나가서 동포들의 집을 돌아다니기 시작했답니다. 누가 시키지 않았는데도, 하루도 빠짐없이 다른 집 앞을 청소하고 주변의 쓰레기도 치웠답니다.

동포들을 감동시켰어요

솔선수범하는 이런 모습에 감명을 받은 동포들도 하나둘씩 청소 운동

에 참여했지요. 이렇게 마을을 깨끗이 청소하자, 미국 사람들도 우리 동포들을 전처럼 업신여기지 않게 되었답니다. 그리고 동포들은 스스로 자신들이 한 일에 자부심을 갖게 되었지요.

생활의 기본은 청소예요

선생님은 청소를 잘하는 것이 생활의 기본이라고 항상 이야기를 했답니다. 자신의 주변을 깨끗이 정돈할 줄 알아야 정신적으로도 성장할 수 있다고 믿었기 때문이지요. 안창호 선생님에게 감명을 받아 청소를 열심히 했던 동포들은 그 뒤 우리나라의 독립을 위해서도 마음을 한데 모았답니다. 이렇게 해서 청소 운동이 독립운동으로 발전을 하게 되었답니다.

 정리 정돈을 어떻게
　　　잘할 수 있을까요?

처음부터 잘하는 사람은 아무도 없어!

정리 정돈을 처음부터 잘하는 사람은 없어요. 하지만 정리 정돈의 필요성을 깨닫고 자신에게 알맞은 방법을 찾아 실천하려고 노력하다 보면 점점 잘하게 될 거예요. 쾌적한 환경을 목표로 정리 정돈을 하다 보면 좋은 생각들이 많이 떠오를 거예요. 자기 자신을 아끼고 사랑하는 사람이라면 더럽고 지저분한 환경에서 생활하는 것을 부끄럽게 여길 거예요. 자존감이 있는 친구들은 스스로를 그렇게 대우하지 않을 테니까요.

어떤 방식으로 할까요?

날을 잡아서 단번에 모든 것을 다 정리 정돈 하려고 하면 어떻게 될까요? 너무 지쳐서 하루 만에 포기할지도 몰라요. 산더미처럼 쌓인 물건들을 치우고, 책상이나 방바닥을 덮은 먼지들을 닦다 보면, 다음 날부터는 기운이 안 날 수도 있지요. 그래서 힘든 일이라는 생각 때문에 다음에는 좀처럼 엄두가 안 날 수도 있답니다.

하지만 시간이 날 때마다 하루에 10분씩 20분씩 하게 되면 부담이 줄어든답니다. 특별히 시간을 따로 낼 필요가 없으니 훨씬 가벼운 마음이 되어

정리 정돈을 즐겁게 할 수 있답니다. 그런데 모든 일에는 계획이 필요합니다. 그렇다면 어떤 방식으로 어떻게 정리 정돈과 청소를 하면 좋을까요?

구역을 나누어서 해요

조금씩 구역을 나눠 정리 정돈 하는 것이 좋답니다. 우선 가장 눈에 띄는 곳부터 시작해 보세요. 이를테면 첫째 날에는 책상 위에 놓여 있는 학용품 정리, 둘째 날은 책장 정리, 그리고 셋째 날에는 서랍이나 장난감 정리를 하는 거예요.

이런 식으로 자신과 가까운 곳에서부터 차례로 정리를 하다 보면 한결 쉬울 거예요. 이렇게 단계적으로 하다 보면 날마다 정리 정돈을 하는 습관이 몸에 익어 방이 지저분해지지 않겠죠!

물건의 용도를 떠올려 보아요

정리 정돈의 가장 기본 원칙을 알려 줄게요. 그것은 물건의 용도를 생각하며 하는 거예요. 예를 들어볼까요? 침대는 어떤 용도로 만들어졌을까요? 침대는 잠을 자기 위해 만든 것이지요. 그런데 그 위에 인형이나 옷들이 잔뜩 놓여 있다면 어떻겠어요? 피곤할 때 눕거나 잠을 자고 휴식을 취할 수 있도록 정리 정돈을 해야겠죠.

책상도 마찬가지랍니다. 책상이란 책을 읽거나 공부를 하거나 일기를 쓰기 위한 곳이지요. 그런데 장난감이나 간식거리, 당장 필요하지 않은 책들이 뒤엉켜 있다고 생각해 보세요. 이런 책상 앞에 오래 앉아 있고 싶은 사람은 아무도 없을 거예요. 그렇다면 조용히 정신을 집중할 수 있는 깨끗한 공간을 떠올리며 용도에 맞게 정리해 보세요.

그룹별로 수납 원칙 정하기

책, 옷, 물건 등을 제자리에 넣어 두는 것을 수납이라고 해요. 학교 교실을 생각해 볼까요? 교과서와 학용품은 사물함에 보관하고, 가방은 책상의 고리에 걸어 두죠? 수납을 통해 물건의 집을 찾아 주면 정리 정돈도 끝나게 돼요.

정리 정돈 전문가들은 수납공간을 가득 채우지 말고 20퍼센트는 여유롭게 놔두라고 해요. 새 책, 새 장난감 등이 생기면 원래 있던 물건들과 함께 보관해야 하니까요.

여러분이 매일 입는 옷은 계절별로 따로 보관하는 게 좋아요. 여름옷은 여름옷끼리, 겨울옷은 겨울옷끼리 모아 놓는 거예요. 그리고 앞쪽에는 자주 입는 옷을, 뒤에는 잘 안 입는 옷을 둬야 해요. 양말과 속옷도 옷처럼 가지런히 개어서 놓고요.

물론 혼자서 이렇게 가지런히 정리 정돈 하기가 쉽지는 않지만 수납의 원리에 따라서 하다 보면 쉽게 할 수 있답니다. 그래야 아침에 학교 갈 때 입고 싶은 옷을 빨리 찾아서 입고, 학용품이나 필요한 준비물도 재빨리 찾을 수 있겠죠. 바쁜 아침에 물건이나 옷을 찾다 보면 방 안이 온통 난장판이 되잖아요. 다시 정리를 하려면 또 시간이 많이 걸리고, 그러다 보면 엄마가 정리를 하면서 잔소리를 하고, 정리 정돈은 자기 일이 아니라고 생각을 하고 이런 일이 반복되다 보면 스스로 해야 할 일을 남에게 미루는 습관까지 생기게 됩니다.

효율적인 정리 정돈을 위한 그 밖의 방법들

정리 정돈을 하는 방법이 몇 가지로 정해져 있는 것은 아니에요. 생활환경이 각자 다르고, 저마다 개성도 다르니까요. 하지만 이런 일을 잘하는 사람들의 경험을 귀담아들어 두면 도움이 될 거예요.

책상과 책장 정리는 이렇게 해요

책상 위에는 당장 필요한 물건을 놓고, 이미 사용한 물건은 서랍이나 책장 등 제자리에 두어야 합니다. 연필은 잘 깎아서 연필통에 넣고, 잘 나오지 않는 펜은 과감하게 버려야 합니다. 가지런하게 잘 정리된 책상에서는 바로 공부를 할 수 있답니다.

더 이상 보지 않을 책은 필요한 사람에게 주거나 재활용품으로 버려요. 필요한 책은 종류, 내용, 크기, 또는 작가별로 자신이 정한 순서대로 정리하면 찾아보기 쉬워요. 책을 읽은 날짜나 느낀 점을 간단히 메모지에 적어 꽂아 두어도 좋겠지요.

책상 서랍 안에 다양한 수납공간을 만들어 보아요

서랍 안을 깨끗이 하려면 칸막이나 바구니를 활용해서 물건이 섞이지 않도록 구분할 필요가 있어요. 안에 무엇이 들어 있는지 알기 쉽게 이름을 써 놓으면 좋겠지요. 그리고 자주 사용하는 물건은 찾기 편하게 앞에 놓아요. 부피가 큰 학용품이나 운동 기구들은 수납장을 활용해 보아요. 책상 서랍처럼 수납장에도 이름을 써 놓으면 물건을 꺼내거나 다시 제자리에 넣을 때 편리하겠지요.

잠자리는 항상 깨끗이 정리해요

자고 일어났을 때 바로 잠자리를 정리합니다. 방에서 큰 면적을 차지하는 침대가 반듯하게 정리되어 있다면, 방에 들어갈 때 늘 상쾌한 기분을 갖게 되겠지요. 이불은 자주 털어 주고 가끔씩 따뜻한 햇볕에 말려 세균을 없애 주어야 해요. 아, 그런데 베란다 창문을 열고 터는 것은 이불 무게 때문에 자칫하면 떨어질 수 있답니다. 이불은 부모님과 함께 밖으로 들고 나가서 터는 게 안전합니다.

옷장 정리는 이렇게 해요

옷을 잘 정리해서 보관하면 찾아 입기 편하고, 옷이 깨끗이 유지된답니다. 옷은 자주 입는 옷, 자주 입지 않는 옷, 용도, 계절에 따라 정리해 주세요. 자주 입는 옷은 찾기 편한 위치에 둡니다. 구김이 생기면 안 되는 옷은 반드시 옷걸이에 걸고, 그렇지 않은 옷은 서랍이나 보관함에 넣으면 된답니다. 옷걸이에 옷을 걸 때에는 옷걸이들을 모두 한 방향으로 걸어 줍니다. 한쪽에는 긴 옷들을, 다른 한쪽에는 짧은 옷들을 걸어 두면 아래 공간에 상자를 놓고 다른 옷들을 넣을 수 있지요.

입어서 더러워진 옷은 깨끗한 옷과 함께 보관하면 안 됩니다. 깨끗한 옷이 오염될 수 있거든요. 한 번 입었지만 또 입을 수 있는 옷은 바구니를 마련해서 잠시 넣어 두었다가 입도록 합니다. 계절이 지난 옷들은 잘 세탁하고 건조시킨 뒤, 방충제나 제습제를 넣어 보관하면 옷이 상하는 것을 막을 수 있어요.

추억 상자를 활용해요

학교에서 그린 그림이나 만든 공작품을 어떻게 정리하고 있나요? 열심히 만든 작품이니까 소중하게 잘 정리해야 할 텐데 말이에요. 미술관에 가 보면 작품들이 보기 좋게 정리되어 걸려 있지요? 마찬가지로 정말 마음에 드는 작품만 벽에 걸거나 책장 같은 곳에 두고, 적당한 크기의 '추억 상자'를 준비하여 그 안에 넣어 두면 됩니다.

한꺼번에 하면 지쳐서 못해요.

좋은 정돈법 없을까?

그러나 추억 상자가 넘치지 않도록 버리는 일도 해 주어야 해요. 자신이 만든 작품이니까 스스로 선택해서 버리는 것이 좋겠지요. 아쉽기는 해도 모든 것을 다 가지고 있으면 수납공간이 부족해서 방이 창고처럼 변할 수도 있거든요. 이때 버려야 하는 작품의 사진을 찍고 간단한 메모를 남겨 놓는다면 추억을 간직할 수 있어서 위로가 될 거예요. 제때 버리는 것도 마음 다스리기 공부랍니다.

자기 방 말고 다른 장소도 정리해요

여러분의 방이 깨끗해지면 집 안의 다른 장소로 눈을 돌려 봐요. 거실과 화장실, 부엌, 현관, 다른 방 등 정리 정돈 할 곳은 많답니다. 내 방에서처럼 구역을 나누어 천천히 해 보세요. 화장실에서는 샴푸와 치약 등을 정리하거나 휴지 걸이를 닦는다면 엄마가 아주 좋아할 거예요. 식사를 마치면 사용한 그릇을 개수대에 가져다 놓고 식탁도 닦으세요. 그리고 학교에서 돌아오면 신발을 현관 앞에 가지런히 벗어 놓으세요. 집에 친구들이 오면 함께 공부하거나 논 다음, 함께 치우면 좋겠지요. 집이 깨끗해지면 이번에

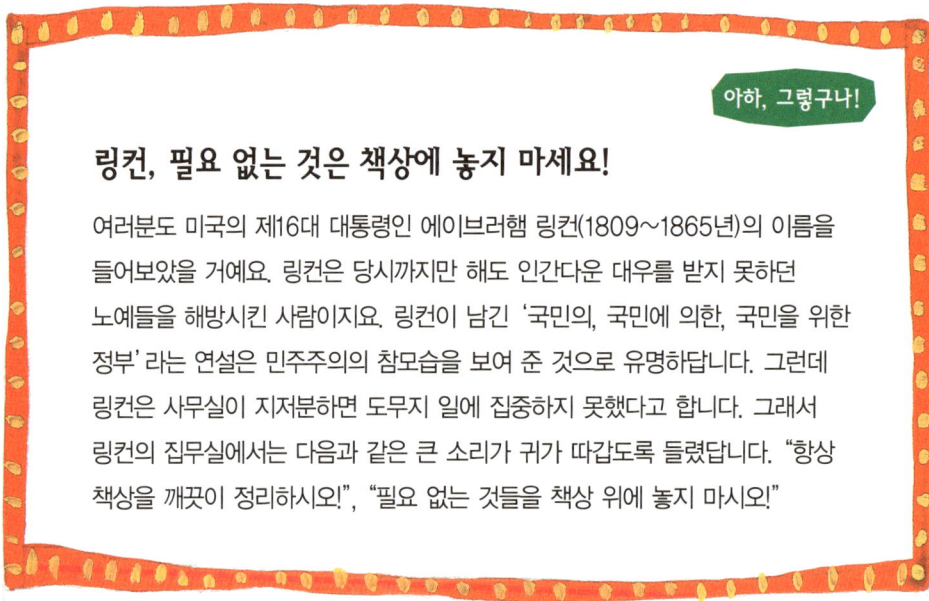

아하, 그렇구나!

링컨, 필요 없는 것은 책상에 놓지 마세요!

여러분도 미국의 제16대 대통령인 에이브러햄 링컨(1809~1865년)의 이름을 들어보았을 거예요. 링컨은 당시까지만 해도 인간다운 대우를 받지 못하던 노예들을 해방시킨 사람이지요. 링컨이 남긴 '국민의, 국민에 의한, 국민을 위한 정부'라는 연설은 민주주의의 참모습을 보여 준 것으로 유명하답니다. 그런데 링컨은 사무실이 지저분하면 도무지 일에 집중하지 못했다고 합니다. 그래서 링컨의 집무실에서는 다음과 같은 큰 소리가 귀가 따갑도록 들렸답니다. "항상 책상을 깨끗이 정리하시오!", "필요 없는 것들을 책상 위에 놓지 마시오!"

는 공공장소 차례예요. 놀이터와 학교에서도 얼마든지 정리 정돈을 할 수 있어요.

다른 사람들과 물건을 나누어요

내게 더 이상 쓸모없는 물건은 그 물건이 필요한 다른 사람에게 주도록 해요. 그럼 물건은 더 가치 있게 활용할 수 있고, 내 방은 더 쾌적해지겠지요. 하지만 반드시 물건을 깨끗하게 닦아서 주는 것도 잊지 마세요. 작아진 옷은 동생에게 주거나 의류수거함(재사용함)에 넣으면 되겠지요.

또는 '아름다운 가게'에 가져다주거나 '벼룩시장'에서 파는 것도 좋은

방법이랍니다.

너무 집착하는 것은 곤란해요

깨끗하게 정리된 방을 보니 기분이 어떤가요? 기분이 상쾌하고 마음이 뿌듯하지 않나요? 그렇다면 이제 자신의 방을 개성 있게 꾸며 보도록 해요. 꽃을 꽂을 화병을 놓을 수도 있고, 그림을 걸 수도 있겠지요.

그런데 꼭 기억해야 할 것이 있어요. 정리 정돈 습관을 익히는 것은 좋지만, 너무 집착하는 것은 좋지 않아요. 자기 마음대로 안 된다고 초조해하거나 신경질을 부리면, 주위 사람들에게 피해를 줄 수 있답니다.

또한 정리 정돈을 잘 못하는 친구를 깔끔하지 않다고 놀려서도 안 돼요. 오히려 그 친구도 좋은 습관을 가질 수 있도록 친절하게 도와주어야 해요. 이때에도 역시 여러분의 방식만 옳다고 고집을 피우면 안 돼요. 생김새와 성격이 저마다 다르듯, 누구에게나 자신한테 맞는 정리 정돈법이 있을 테니까요.

청소가 하기 싫은 날에는 신 나는 음악을 틀어 놓고 해 보세요. 아마 한결 즐겁게 할 수 있을 거예요. 그리고 '나는 나를 사랑하기 때문에 깨끗하고 예쁜 곳에서 생활할 권리가 있어.' 하고 소중한 자기 자신을 떠올리면서 하면 더 힘이 날 거예요. 하지만 몸이 너무 피곤해서 일을 마무리 짓기 힘들면 다음 날 하도록 해요. 여기서 중요한 것은 다음 날 꼭 자기와의 약속을 지켜서 하다만 일을 마치도록 하세요.

엄마 아빠, 보세요!

칭찬을 많이 해 주고 기다려야 해요!

칭찬과 인내는 'Yes'

'칭찬은 고래도 춤추게 한다.'는 말이 있죠? 그렇습니다. 작은 것이라도 아이가 잘하면 칭찬을 아끼지 말아야 합니다. 정리를 막 시작한 아이가 물건을 제자리에 갖다 놓으면 바로 칭찬해 주십시오. 어른도 칭찬을 들으면 기분이 좋아지는데 아이야 더 말할 것도 없겠지요. 칭찬은 아이가 정리 정돈을 습관으로 익힐 수 있도록 도와주는 가장 효과적인 방법입니다.

칭찬만큼 중요한 것은 인내입니다. 아이들을 인내심을 갖고 느긋하게 지켜봐야 합니다. 아이의 정리가 마음에 들지 않는다고 해서 소리를 지르거나 채근하는 것은 피해야 합니다. "정리하지 않으면 물건을 전부 갖다 버린다."라고 야단을 치면 일시적으로는 말을 들을지 모르지만, 마음속으로는 저항하기 쉽습니다. 따라서 느긋한 마음으로 너그럽게 지켜보면서 정리 습관이 향상되도록 도와주어야 합니다. 아이의 정리 정돈 방법을 존중해서 기준을 정했다면, 스스로의 힘으로 마칠 때까지 기다릴 필요가 있습니다.

집착과 강요는 'No'

또 하나 주의해야 할 것은 집착과 강요입니다. 물론 경우에 따라 부모님이 세심하게 지도하는 것은 좋습니다. 하지만 지나치면 집착과 강요를 불러와 아이에게 심한 스트레스를 줄 수 있습니다.

정도의 차이는 있지만, 아이가 산만하고 집중력이 부족한 것은 상당 부분 자연스러운 현상입니다. 날마다 학교에서 친구들과 부딪히는 것처럼, 생활에서 어느 정도 늘어놓는 것은 어쩔 수 없습니다. 오히려 부모님의 완벽한 주문이 아이의 의욕을 떨어뜨리고 반발심을 불러일으킬 수도 있습니다. 조급함으로 아이를 몰아세우기보다는 인내심을 갖고 한 걸음 한 걸음씩 나가는 것이 현명한 지도법이라는 사실을 잊지 마셔야 합니다.

청소 도구의 역사

빗자루, 아주 오래된 청소 도구

　빗자루는 먼지나 쓰레기를 털어 낼 때 사용하는 도구입니다. 방을 쓰는 비, 마당을 쓰는 비가 따로 있고 화장실에서 쓰는 비도 있지요. 우리나라에서 언제부터 빗자루를 사용했는지 확실하지는 않아요. 다만 아주 오래전 부여라는 나라에서 주민들이 비를 들고 길을 쓴 기록이 남아 있어요.

　옛날 사람들은 빗자루를 손으로 직접 엮었어요. 마당을 쓰는 비는 싸리나무나 대나무의 잔가지를 엮어서 만들었지요. 하지만 요즈음은 이런 빗자루를 보기가 힘들어요. 공장에서 플라스틱 빗자루를 대량으로 만들고 있거든요.

　빗자루는 꽤 흥미로운 도구예요. 청소를 할 때 주로 사용하지만, 예전에는 부모님이 아이에게 벌 줄 때 회초리로도 사용했거든요. 그리고 빗자루는 옛날이야기에도 자주 등장하지요. 오래 된 빗자루가 도깨비로 변하고는 하잖아요. 서양의 옛날이야기에서는 마녀가 빗자루를 타고 다니기도 하지요.

진공청소기의 역사

　청소기는 전동기를 이용해서 티끌, 먼지 등을 빨아들여 청소하는 기구예요. 옛날에는 빗자루나 걸레가 유일한 청소 도구였지만, 기계가 발달하면서 1900년대 초반에 빨아들이는 원리를 활용한 진공청소기가 등장했답니다. 요즈음은 로봇청소기도 나왔습니다. 전원만 켜면 로봇청소기가 알아서 거실이나 방 안을 돌면서 먼지나 작은 쓰레기를 빨아들인답니다. 어쩌면 여러분 집에서도 이런 청소기를 사용할지도 모르겠네요.

전기 자동 세탁기의 발명

세계 최초의 세탁기는 1851년 미국의 제임스 킹이란 사람이 발명했다고 알려져 있어요. 그리고 전기를 사용해서 빨래하는 세탁기는 1910년대 초반 미국에서 처음 등장했지요. 그리고 '월풀'이라는 미국 회사가 자동 세탁기를 만들면서 본격적인 전기세탁기의 시대가 열렸답니다.

우리나라에서는 1969년에 세탁기가 만들어졌어요. 옛날부터 옷을 빠는 일은 여성이 하는 일 가운데 가장 힘든 일에 속했지요. 여러분도 책이나 텔레비전에서 옛날 사람들이 빨래를 하는 그림이나 영화를 본 적이 있을 거예요. 시냇가 빨래터에서 빨랫방망이로 옷을 두드리는 일은 할머니, 어머니들의 생활의 일부였지요. 매일매일 쏟아져 나오는 가족의 빨래는 정말 고단한 일거리였지요. 하지만 전기세탁기가 발명되고 널리 보급되면서 이제 어머니들은 한결 집안일이 쉬워졌답니다.

5 정리 정돈은 공부에도 도움이 돼요

정리 정돈은 방이나 교실의 물건들을 가지런히 하는 것만이 아닙니다. 공책 정리도 정리 정돈에 속하지요.
공부를 아무리 열심히 해도 성적이 오르지 않아서 고민인 친구들이 있다면, '나는 공책 정리를 제대로 하고 있을까?' 하고 자신에게 물어보세요. 그런 다음, 선생님이 강조하는 내용을 잘 받아 적고 자신의 생각도 공책에 잘 정리해 보세요. 공책을 잘 정리하는 습관을 들인다면 공부에 부쩍 자신감이 붙을 거예요.

새로운 공부 에너지가 생겨요

전문가들은 정리 정돈 습관을 통해 학습과 관계 있는 세 가지 능력을 기를 수 있다고 합니다. 자신에게 필요한 것을 판단해서 사물에 우선 순위를 매기는 선택력, 나중으로 미루지 않고 곧바로 실천하는 행동력, 한 가지 일을 꾸준히 계속하는 집중력이 그것이지요.

정리 정돈이 습관화되면 자신도 모르게 세 가지 능력이 몸에 배게 된답니다. 그렇게 되면 물건들이 하나둘씩 정리되는 것처럼, 머릿속도 정리되면서 학습 능률이 올라간답니다. 다양한 상황 속에서 정리하면서 계속 새

공부 지식을 머릿속 서랍장에 가지런히 정리해 보세요.

로운 것들을 배우고 습득하기 때문이지요. 이렇듯 정리 정돈 능력은 생각하는 힘과 닮은 점이 많답니다. 이러한 습관을 익혀 공책 정리를 잘한다면 당연히 공부도 더 잘되겠지요.

공책 정리를 잘해서 상을 탔어요

요즘에는 학기 말이 되면 그동안 공책 정리를 잘한 학생들에게 상을 주는 학교가 많습니다. 공책 정리를 한 것을 보면, 그 사람의 평소 태도와 공부 방식을 잘 알 수 있다고 하지요. 공책에 잔뜩 낙서를 하고, 스스로 알아보기 어렵게 필기를 한 학생들은 시험 공부를 하려고 해도 내용을 알 수가 없으니 공부를 더 안 하게 된답니다. 하지만 수업 시간에 배운 내용을 자기식대로 알기 쉽게 보충 설명까지 적어 가며 정리한 학생은, 시험 공부할 때 잠깐만 공책을 들여다보아도 머릿속에 쏙쏙 들어오기 때문에 많은 시간 공부하지 않아도 성적이 좋답니다.

시험 성적이 좋지 않게 나오면 "나는 머리가 좋지 않은가 봐." 이렇게 푸념하는 친구들이 많은데, 저마다의 특징이나 능력을 전해 주는 사람의 유전자는 99.7퍼센트가 비슷하답니다. 사람들의 두뇌 차이는 생각보다 크지 않다는 뜻이지요. 따라서 어떤 일에서 성공하는 사람들은 타고난 능력보다 평소의 노력이나 습관 덕분인 경우가 많답니다.

공책 정리도 공부의 과정입니다

정리를 잘한다는 것은 배운 내용을 그만큼 잘 이해하고 있으며, 효과적으로 활용할 수 있다는 증거랍니다. 게다가 필기를 하면서 손을 움직이면

뇌를 자극하여 머리도 좋아진답니다.

혹시 참고서를 보면 공부 내용이 더 잘 정리되어 있다고 생각하지는 않나요? 하지만 참고서란 내가 아니라 다른 사람이 정리한 것입니다. 자기가 직접 정리하면서 중요한 것을 알아가는 과정이 생략되어 있는 것이지요. 따라서 공책에 필기하면서 정리하는 과정이 곧 공부를 하는 과정임을 알아야 합니다.

공책 정리와 수첩 활용법

초등학교 저학년 때는 수업 내용이 어렵지 않아서 공책 정리가 그렇게 중요한지 잘 모를 거예요. 하지만 학년이 올라갈수록 수업 내용이 어려워져서 선생님의 말씀을 이해하지 못하는 경우가 생기게 됩니다.

바로 이때부터 공책 정리가 중요한 시기입니다. 모르는 것을 그냥 넘어가면, 1학기만 지나도 수학이나 사회 등은 공부를 포기하고 싶은 마음이 생길 수 있답니다. 그런데 공부에도 요령이 있어요. 바로 공책 정리에 해답이 있습니다.

아하, 그렇구나!

공책 정리 요령

1 공책 왼쪽 면에는 날짜와 공부하는 단원의 제목을 적은 뒤에 수업시간에 배운 것을 기록하고, 오른쪽 면에는 수업 시간에 몰랐던 내용들을 정리합니다.

2 모르는 단어나 외워야 할 수학 공식 등이 나오면 공책 오른쪽 아래에 박스를 만들어서 풀이와 공식을 적습니다.
 *영어: 단어 → 단어발음 표시 → 뜻 → 숙어 순으로 단어 정리

3 선생님께 몰라서 질문했던 내용이 있으면 오른쪽 면에 책의 쪽수를 적고, 번호도 적어 놓습니다. 그런 뒤에 문제를 이해할 수 있게 도와준 단어나 설명을 기록해 놓으면, 나중에 혼자 공부할 때도 문제를 쉽게 풀 수 있답니다.

4 선생님이 수업 시간에 중요하다고 강조한 것은 책에 별 5개로 표시해 놓습니다.
 중요도에 따라 별 5부터 별 3까지 구분을 해 놓습니다. 공부를 할 때 역으로 별 5부터 시작해서 별 3으로 끝내면 공부 시간도 단축되고, 집중력도 올라가니까 공부하기가 쉬워질 거예요.
 그리고 수업 시간 중에 완전히 이해하지 못한 부분에 밑줄을 긋거나 다른 색깔로 표시해 두면, 복습을 할 때 다시 찾아보기 쉽겠죠.

5 시험이란 배운 것을 얼마나 알고 있는지를 테스트하는 거잖아요. 그러니 시험 보기 전에 알고 있는 것, 모르고 있는 것만 정리가 되어 있어도 공부가 50퍼센트는 끝난 것과 같답니다.

그렇다면 공책에 필기하고 정리하는 것은 어떻게 하는 것이 좋을까요? 가장 좋은 것은 자신에게 가장 효과적인 방법을 찾는 것이겠지요. 하지만 다른 사람들은 어떻게 하고 있는지 눈여겨보는 것도 좋은 참고가 될 거예요.

수첩 활용도 성공의 비밀 열쇠

요즘에는 수첩을 가지고 다니며 기록하는 사람이 많이 줄어든 것 같습니다. 스마트폰이나 MP3 등으로도 손쉽게 기록하고 녹음도 할 수 있으니까요. 하지만 수첩에 직접 기록하면 장점이 많답니다.

스마트폰 메모장에는 약속 날짜, 가족이나 친구 생일 등 짤막한 내용들은 기록하면 기억을 잘할 수 있어서 좋은 점이 있습니다. 그러나 누구와 왜 만나는지, 그날 있었던 중요한 일의 내용 등을 기록하는 데는 수첩이 더 효과적입니다. 손글씨로 쓰면 더 잘 기억할 수 있고, 설명이 필요하면 추가로 적은 뒤에 색깔 볼펜으로 별이나 동그라미를 그려 넣으면 눈에 잘 띄어서 친구와의 약속을 잊는 일 등은 없을 거예요. 날짜를 적고 시간별로 수첩에 기록하면 기억이 안 나거나 중요한 정보를 다시 보고 싶을 때 수첩을 보면 간단하게 해결할 수 있겠죠.

이렇게 수첩을 잘 활용하는 사람으로 반기문 유엔(국제연합) 사무총장을 들 수 있습니다. 유엔 사무총장은 '세계의 대통령'으로도 불리는 대단한 직위입니다. 그런데도 반기문 사무총장은 늘 수첩을 가지고 다니면서 새로운 정보를 들으면 곧바로 직접 받아 적는다는군요. 반기문 사무총장은 심지어 좋은 외교관이 될 수 있는 조건으로 정확하게 기록하고 정리하는 일을 꼽았답니다. 말 한 마디에 따라 나라의 이익이 왔다 갔다 할 수도 있기 때문이지요. 노벨 평화상을 받았던 남아프리카공화국의 넬슨 만델라나 우리나라의 김대중 대통령도 수첩에 기록을 꼼꼼히 한 사람으로 이름 났지요.

편리한 책과 공책 관리법

자주 봐야 하는 교과서와 공책들은 한곳에 모아두세요. 큰 박스를 준비해서 아끼는 필기도구도 함께 둔다면 공부하려고 할 때 바로 꺼내서 보면 되니까 훨씬 편리하겠지요. 아끼는 연필이 없어졌네, 중요한 교과서가 사라졌네 하면서 동생이나 엄마에게 큰 소리를 치거나 짜증 내는 일도 없어질 테니까요.

글씨와 공부의 관계

조선 시대에 살았던 한석봉의 이야기를 들어본 어린이들도 있겠지요. 한석봉은 명필로 유명했답니다. 중국에까지도 소문이 자자했지요. 명필이란 아주 잘 쓴 글씨, 또는 글씨를 아주 잘 쓰는 사람을 가리키는 말이지요.

한석봉은 젊은 시절 다른 곳에 가서 공부를 했답니다. 그러다가 홀로 계신 어머니가 걱정이 되어 집으로 달려왔지요. 어머니는 아무 말 없이 호롱불을 끄고는 떡을 꺼내 도마에 놓고 썰었지요. 그러면서 아들에게는 종이와 붓을 주고 글을 쓰라고 했답니다. 불을 켜고 보니, 어머니의 떡은 조금도 어긋나지 않은 가지런한 모양이었는데, 아들의 글씨는 그야말로 삐뚤빼뚤했답니다.

한석봉은 어머니를 보고 크게 깨닫고는 공부하러 다시 떠났답니다. 그 뒤 한석봉은 큰 학자가 되었고 명필이 되었답니다.

이처럼 우리 선조들은 글씨는 그 사람의 학문과 인격을 나타내 준다고

여겼습니다. 하지만 지금은 컴퓨터를 많이 사용하는 탓에 뛰어난 글씨를 보기가 힘들어졌지요. 물론 요즘 세상에는 한석봉처럼 글씨를 빼어나게 잘 쓸 필요는 없을 겁니다. 하지만 글씨를 괴발개발 아무렇게나 써도 된다는 것은 아닙니다. 글씨를 너무 엉망으로 쓰면, 내용이 한눈에 잘 들어오지 않을 수 있으니까요. 아무튼 정성들여 또박또박 쓴 글씨를 보면, 공부에 얼마나 집중했는지를 알 수 있답니다.

그런데 '괴발개발'이 어디서 나온 말인지 아세요? 고양이 발자국인지 개 발자국인지 알 수 없을 만큼 어지럽다는 뜻에서 나온 말이라고 하네요. 어원이 재미있죠?

학교는 여러분을 도와주는 곳입니다

부모님들은 여러분을 기르기 위해 직장이나 일터에서 열심히 일하지요. 부모님들에게는 그런 일이 직업입니다. 여러분에게는 아직 직업이 없습니다. 학생이란 직업이 아니라 신분이지요. 그런데 부모님에게는 여러분

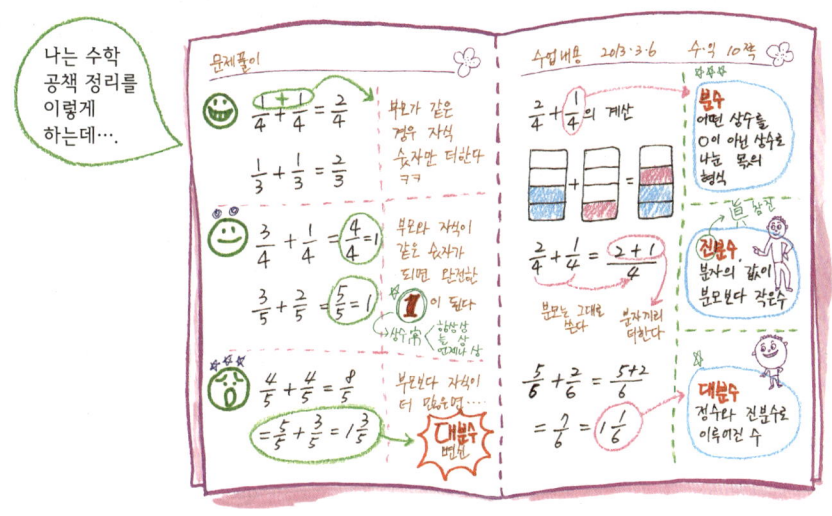

을 잘 길러야 할 의무가 있듯이, 여러분에게도 의무가 있습니다. 몸과 마음을 튼튼하게 하도록 노력하고, 친구들과 잘 지내면서 사회성을 기르고, 공부를 열심히 하는 것이지요. 학교는 바로 이런 것들을 가르쳐 주는 곳입니다.

최선을 다하면 성적에도 만족하게 됩니다

모든 사람이 공부를 잘할 필요는 없습니다. 누구나 저마다 가고 싶은 길이 다르니까요. 그리고 이 세상에는 공부를 하지 않았어도 묵묵히 훌륭한 일을 하고 있는 분들이 많습니다.

하지만 공부를 열심히 하면 자신의 꿈을 이룰 가능성이 더 커지고 넓어

종류별로 생각을 정리했던 다산 정약용

'다산'이라는 호를 가졌던 정약용은 오늘날까지 많은 사람들이 본받고 싶어 하는 조선 시대의 대학자랍니다. 엄청나게 책을 읽었던 책벌레이면서, 또한 600권이 넘는 많은 책을 쓴 저자이기도 합니다. 그런데 이렇게 많은 책을 쓸 수 있었던 데에는 정리 정돈의 힘이 컸다고 해요. 그럼 공부의 대가였던 정약용 선생님의 비결을 살펴볼까요?

정약용 선생님은 두 아들에게 효과적인 공부를 위해서 다음과 같이 말했답니다.

"책을 읽을 때에는 공부에 도움이 될 것이 있으면, 책마다 글귀들을 모아서 연결하는 습관을 들여야 한다. 이렇게 하면 100권의 책도 10일 안에 정리할 수 있다."

"뜻이 같거나, 아니면 반대인 것을 모아서 기억하면 좋다. 그러면 잘 잊어버리지 않을 것이다. 묶어서 함께 기억하면 쉽게 이해할 수 있고, 기억도 오래할 수 있기 때문이다."

정약용 선생님은 머릿속에 무작정 넣기만 하는 공부는 쓸모없는 일이라고 했어요. 조금만 지나면 다 잊어버리거나 헷갈리게 되기 때문이지요. 지식을 쌓으면, 이를 종류별로 머릿속에 체계적으로 정리를 해야 잘 기억하고 유용하게 활용할 수 있다고 했답니다지는 것은 분명합니다. 그리고 꼭 다른 사람보다 공부를 잘하지는 않더라도, 자기에게 주어진 시간 동안 최선을 다하다 보면 언젠가 다른 일에서도 성공할 확률이 훨씬 커진답니다.

성적 때문에 자꾸 열등감에 휩싸이다 보면 스스로를 아끼고 사랑하는 마음이 사라질 수 있어요.

경쟁에서 이기기 위해서가 아니라 스스로의 발전과 자신의 목표를 실천하기 위해서 공부는 해야 합니다. 결과보다는 최선을 다해서 공부를 했다면 열등감과 패배감에서 벗어날 수 있답니다.

에디슨을 발명가로 이끈 '실패 노트'

아하, 그렇구나!

전구와 축음기를 비롯하여 수많은 발명품을 남긴 에디슨의 이야기를 해 볼까요? 에디슨의 성공은 엉뚱하게도 '실패 노트'에서 찾아볼 수 있답니다. 에디슨은 연구를 실패할 때마다 이것을 공책에 기록했답니다. 전구를 발명할 때까지 400번 넘게 실패했던 실험을 모두 기록했을 정도랍니다. 에디슨은 발명에 실패했을 때에도 결코 실망하지 않았다고 합니다. 실패도 성공의 과정이라고 생각했기 때문이지요. 오히려 실패의 과정과 문제점을 꼼꼼히 정리해서 다음 번 실험에 활용했다고 합니다. 세상을 밝혀 주는 전구도 이런 과정을 통해 발명하게 된 것이지요. 여러분도 어렵거나 잘 모르는 내용이 있을 때, 에디슨처럼 그 원인을 공책에 잘 정리하고 분석한다면 분명히 좋은 결과를 얻을 수 있답니다.

엄마 아빠, 보세요!

눈높이 교육이 중요해요

일방적인 교육은 안 됩니다!

부모님의 기준에 따르지 말고, 아이의 눈높이에 맞추어 교육을 해야 합니다. 정리 정돈은 절대로 일방적으로 시키는 교육이 되면 안 됩니다. 아이들이 자발적으로 따라오게끔 유도해야 합니다. 아이에게는 아이만의 생각과 규칙이 있습니다. 부모님들도 어렸을 때가 있었잖아요. 정말로 하기 싫었는데, 부모님의 강요 때문에 억지로 했던 장면을 떠올려 보면 고개가 끄덕여질 겁니다.

역할 놀이로 서로를 이해하면 좋아요

이렇듯 어른의 선입견과 일방적인 결정은 금물입니다. 조금 부족해 보여도, 아이에게는 아이만의 가치관이 있다는 사실을 인정해야 합니다. 부모가 아이의 의욕을 자발적으로 북돋워 주는 것이 가장 중요합니다. 또한 어느 정도 시행착오가 있더라도, 아이가 시도하는 방식을 존중할 필요가 있습니다. 왜, 그리고 무엇을 위해 정리 정돈을 해야 하는지 아이 입장에서 생각해야 합니다. 부모는 아이가 되고, 아이는 부모가 되어 보는 역할놀이를 통해 서로에 대한 이해를 높이는 것도 아이와 눈높이를 맞추는 좋은 방법이겠지요.

재미와 규칙을 함께

열 살 남짓한 아이가 물건의 필요와 불필요를 정확하게 판단하기는 아직 어렵습니다. 그래서 처음에는 부모님의 도움이 필요합니다. 아이가 거부감을 느끼지 않도록 즐겁게 정리할 필요가 있습니다. 이를 위해서 아이들이 좋아하는 놀이나 게임의 형식을 활용하면 좋습니다.

예를 들어 아빠는 거실, 엄마는 부엌, 오빠는 책장, 여동생은 침대 정리를 신 나는 음악에 맞춰 동시에 시작하는 것입니다. 그리고 일을 마친 뒤에 누가 가장 깔끔하게 처리했는지 확인하고 상을 주는 것이지요.

재미 못지않게 중요한 것이 규칙입니다. 아이들은 대부분 스스로 하려는 의지가 부족합니다. 그래서 무엇이 중요한지 기준이 명확하지 않을 때가 많습니다. 식사를 마치고 나서 매번 자신의 식기를 개수대에 가져다 놓는 아이는 많지 않습니다. 아직 규칙으로 자리를 잡지 못했기 때문입니다.

부모가 아이 스스로 정리 정돈의 규칙을 정할 수 있도록 이끌어 주고, 아이가 이를 지키게끔 재미있게 그리고 구체적으로 지도하는 게 바람직합니다.

 즐겁게 정리 정돈을 하는 법

매일 5분~10분씩 청소와 정리를 해 봐요

정리 정돈 습관을 들이면 편리해요

잘 정리하고 정돈하는 것도 중요한 습관이랍니다. 평소에 자신의 물건들을 잘 갈무리해 둔다면 필요할 때마다 곧바로 편리하게 사용할 수 있겠지요.

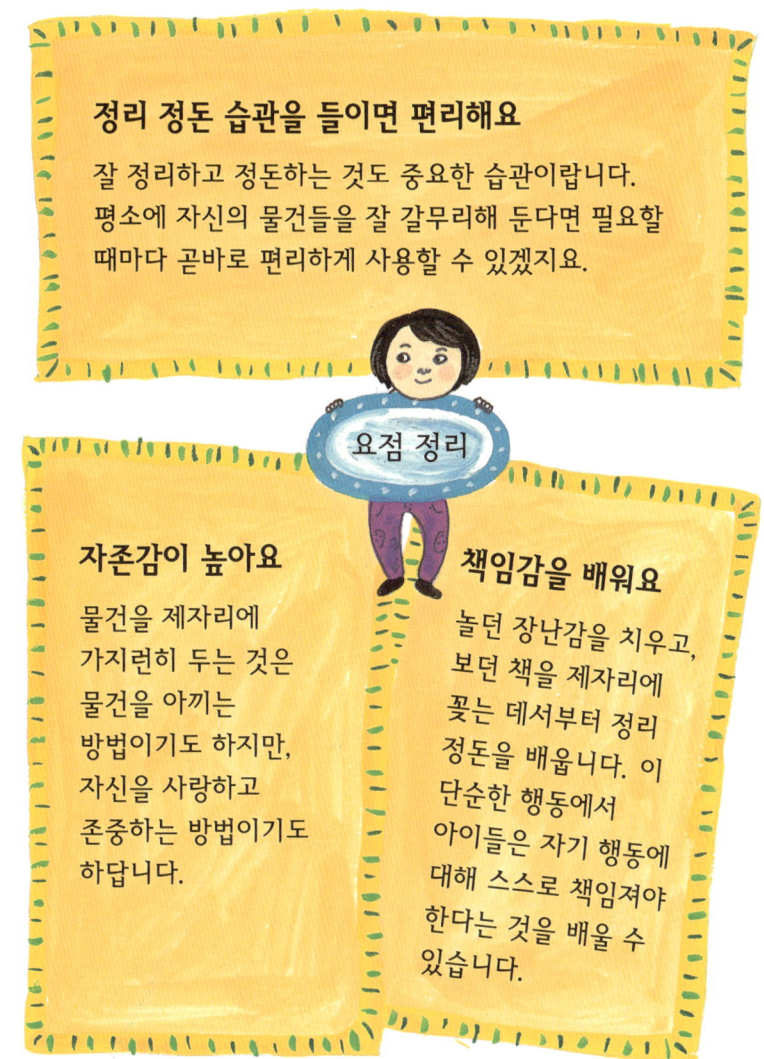

요점 정리

자존감이 높아요

물건을 제자리에 가지런히 두는 것은 물건을 아끼는 방법이기도 하지만, 자신을 사랑하고 존중하는 방법이기도 하답니다.

책임감을 배워요

놀던 장난감을 치우고, 보던 책을 제자리에 꽂는 데서부터 정리 정돈을 배웁니다. 이 단순한 행동에서 아이들은 자기 행동에 대해 스스로 책임져야 한다는 것을 배울 수 있습니다.

명주어린이 시리즈 03

정리 정돈은 나의 힘

나는 나를 사랑해요

초판 1쇄 발행 | 2013년 7월 17일

글 | 방정환
그림 | 정효정
감수 | 조선미

펴낸이 | 손경애
펴낸곳 | 도서출판 명주
기획 · 편집 | 손경애 · 오규원
디자인 | 은디자인(김은경 · 배민주)
출판등록 | 2011년 7월 20일(제 301-2013-083)
주소 | 서울특별시 중구 을지로 3가 을지빌딩 별관 404호
전화 | 070-7565-6670
팩스 | 02-6008-5666

ISBN 978-89-6985-003-4 74180
    978-89-6985-000-3(세트)

ⓒ 방정환, 정효정 2013

정가 12,000원

＊잘못된 책은 바꾸어 드립니다.

이 도서의 국립중앙도서관 출판시도서목록(CIP)
CIP 홈페이지(http://seoji.nl.go.kr)와
국가자료공동목록시스템(http://www.nl.go.kr/kolisnet)에서
이용하실 수 있습니다.
(CIP제어번호: CIP20130101294)